소크라테스 토끼의 똑똑한 질문들

Les grandes questions d'Archilapin
by Astrid Desbordes & Claudia Boldt
© Autrement 2014
All rights reserved

Korean Translation © BookInFish Publishing
Arranged through Icarias Agency, Seoul

이 책의 한국어판 저작권은 Icarias Agency를 통해 Autrement와 독점 계약한 책속물고기에 있습니다.
저작권법에 의하여 한국 내에서 보호를 받는 저작물이므로 무단 전재와 무단 복제를 금합니다.

소크라테스 토끼의 똑똑한 질문들

아스트리드 데보르드 글 | 클라우디아 볼트 그림 | 양진성 옮김

책속물고기

차례

첫인사
9 안으로 들어와요!

나를 표현해요
12 내가 보이는 거울
15 머릿속 탐험
18 새로운 귀
19 도전
22 특별한 나
25 말 속으로 풍덩
27 또 다른 나
30 생각 바꾸기
32 내가 주인공

생각을 전해요
36 좋아하는 이유
38 마음을 담아
39 말하는 방법
42 시간 쓰기 놀이
44 생각을 멈추면
46 오늘의 기분
48 꿈나라
51 좋아하는 책

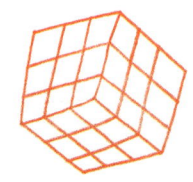

경험을 나누어요

56 세상의 지식
58 계절
60 예의범절
63 뇌와 손전등
65 나의 정리 상자
67 바르게 말하기
70 믿음
71 똑똑한 토끼들
72 사전
74 용기

끝인사

76 이제 밖으로 나가요!

첫인사

안으로 들어와요!

 여러분, 반가워요! 나는 소크라테스 토끼예요. 내 이름을 어디서 들어 본 것 같다고요? 맞아요, 유명한 철학자죠! 소크라테스는 질문하기를 좋아했어요. 나도 질문을 아주아주 좋아하죠. 질문할수록 머릿속이 넓어지거든요. 그러면 갖가지 생각을 담을 수 있죠.

 여러분을 위해 신나고 재미있는 질문을 잔뜩 준비했어요. 머리와 마음을 열고 주워 담으면 돼요.
 책으로 들어왔나요? 마지막 쪽을 덮을 때까지 나를 잘 따라와요.
 준비됐으면, 이제 출발합니다!

소크라테스 토끼가

내가 보이는 거울

나는 누구일까요?
맞아요, 소크라테스 토끼예요.
그렇다면 여러분은 누구일까요?
궁금하다면 함께 거울을 봐요.

무엇이 보이죠?

멋쟁이가 보인다고요?
고마워요.

내 거울에 보이는 것은요.
비단결 같은 털,
바람에 날리는 귀,
가지런한 치아,
아주 커다란 발이 보여요.

 여러분 차례예요!

거울 속에 무엇이 보이나요?
나랑 똑같은 게 보인다고요?
비단결 같은 털?
바람에 날리는 귀?
가지런한 치아?
아주 커다란 발?

따라쟁이군요!

안됐지만 여러분은 토끼가 될 수 없어요.
커다란 발과 귀, 가지런한 치아가 있다고 해서 토끼가 될 수는 없어요!
거울을 보면서 여러분만 가지고 있는 특징을 찾아봐요.

머릿속 탐험

먼저 나의 머릿속을 탐험해 봐요.
머릿속이 아주 크고 복잡해서 잘못하면 길을 잃을지도 몰라요.
내가 안내해 줄게요.

무엇이 보이죠?

탐정   신사   멋쟁이

내 머릿속에 또 뭐가 보이나요?

당근 과자가 보인다고요?
나는 당근 과자를 아주 좋아해요.
눈앞에 보이면 순식간에 먹어 치우죠.
처음 보는 토끼가 보인다고요?
그 토끼는 팔미타예요. 내가 제일 좋아하는 친구죠!

여러분 차례예요!

이제 여러분의 머릿속을 탐험해 볼까요?
부끄러워하지 말아요.
우아! 여러분 머릿속에는 용감한 해적이 있네요.
또 뭐가 보이나요?
보이는 대로 쭉 써 봐요.

당근 과자

새로운 귀

내 귀가 왜 이렇게 큰 걸까 생각해요.
귀가 아주 작은 마멋*보다
더 나은 것도 없는데 말이죠.
내가 마멋의 작은 귀를 빌린다고 상상해 봐요.
나의 큰 귀는 마멋에게 빌려주고요.
그래도 내가 토끼로 보이나요?

 여러분 차례예요!

여러분은 누구와 귀를 바꾸고 싶나요?

귀가 바뀌기 전　　　　　　　　　귀가 바뀐 후

---
*마멋: 다람쥣과에 속하는 짐승이에요. 몸집이 토끼만 하죠.

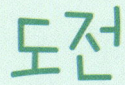

잠깐 쉬는 시간이에요!
운동을 좀 해 볼까요?

아주 간단해요.
우선 바닥에 누워서 몸을 쭉 뻗어요.

그다음은요.

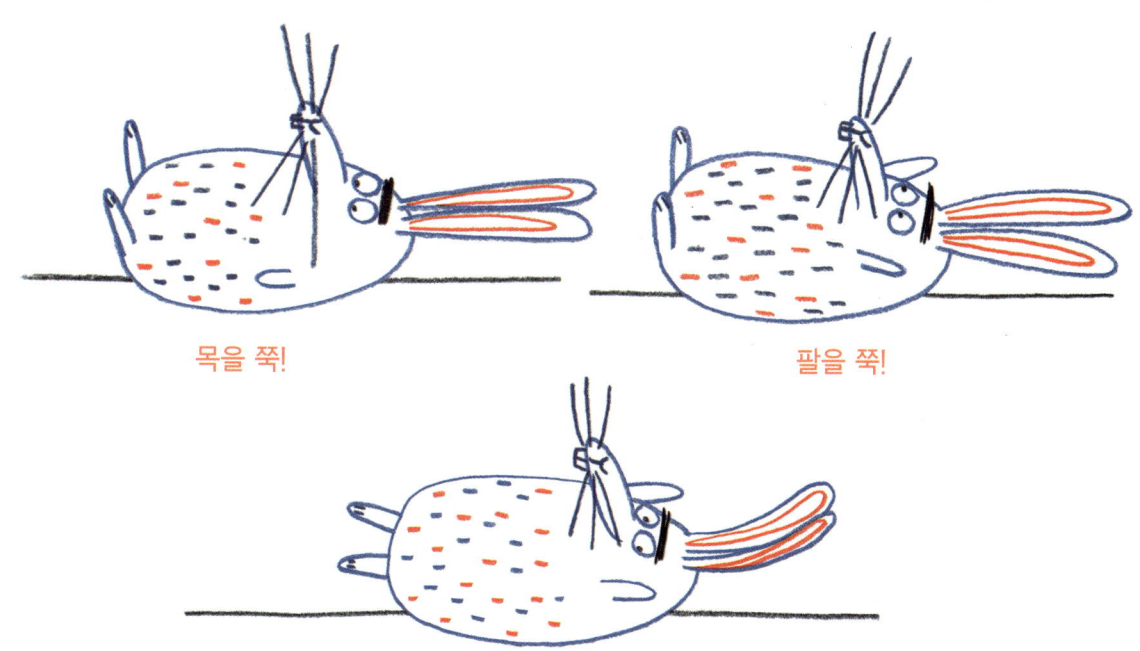

목을 쭉!   팔을 쭉!

손가락도 쭉, 다리도 쭉, 발도 쭉,
발가락까지 쭉 늘여요!

자, 자!
몸을 끝까지 늘여 봤나요?
힘들어도 자꾸자꾸 도전해 봐요.

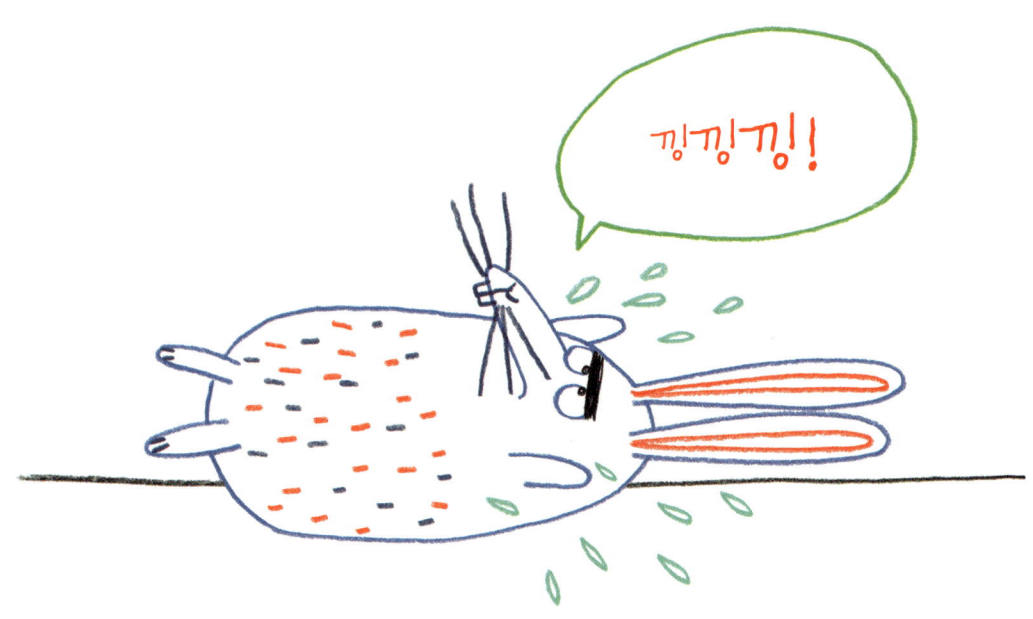

 여러분 차례예요!

지금 하고 싶은 일은 무엇인가요?
무엇이든 도전해 봐요!

특별한 나

세상에는 아주 다양한 토끼가 있어요.
조그만 토끼, 산토끼, 겨자색 토끼, 채소를 좋아하는 토끼,
앙고라토끼, 바보 토끼…….

하지만 소크라테스 토끼는 세상에 나뿐예요!

여러분도 마찬가지예요.
세상에는 아주 다양한 아이가 있죠.
노랑머리 아이, 갈색머리 아이, 키 큰 아이, 키 작은 아이,
머리를 땋은 아이, 머리를 땋아서 올린 아이, 사과 머리 아이…….

하지만 여러분도 세상에 단 하나뿐인 아이랍니다!

여러분 차례예요!

나는 세상에 단 하나뿐인 특별한 토끼죠.
여러분도 자신이 특별하다고 생각하나요?

특별한 아이에게 선물을 줄게요.
자, 받아요. 예쁜 사과 머리예요.

말 속으로 풍덩

말이 담긴 수영장에 풍덩 뛰어들어 봐요. 수영을 잘해야 할 텐데요.
넓고 깊은 수영장에 말이 꽉 차 있거든요.
수많은 말 가운데 자신을 표현해 주는 말을 찾아봐요.
머릿속 생각을 설명할 수 있는 말도요. 무엇을 건졌나요?

내가 찾은 말은요.

이상한
약삭빠른
용감한
힘센
매력이 넘치는
꿋꿋한
섬세한
운동을 좋아하는

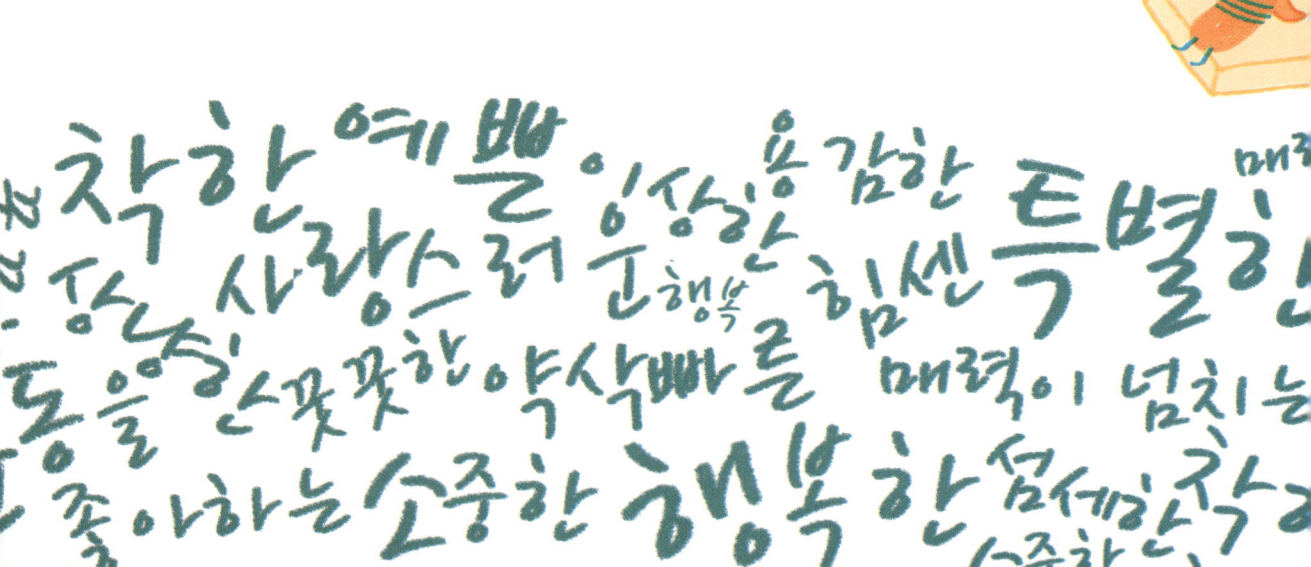

어때요? 나와 딱 어울리는 말들이죠?
몇 가지만 골라서 표현해 볼게요.

토끼처럼 약삭빠른 　　토끼처럼 힘센 　　토끼처럼 용감한

 여러분 차례예요!

말뜻에 너무 매달리지 말아요.
마음대로 표현해 보아요.
날 따라 하지는 말아요. 따라쟁이는 멋지게 표현할 수 없거든요.

또 다른 나

나는 토끼랍니다. 궁금한 것이 많은 소크라테스 토끼죠.
하지만 내 안에 또 다른 누군가가 있어요.
바로 곰 한 마리가 잠자고 있지요.
어떻게 아냐고요?

내가 당근 과자를 꺼내 놓으면
옆집 염소가 어김없이 나타나요!

옆집 염소가 당근 과자를 먹으려고 하면
내 안에서 자고 있던 곰이 깨어나 무섭게 소리를 질러요.

가끔 내 안의 곰이 나한테 화낼 때도 있어요.
내가 수영장에서 엉터리로 헤엄을 치면 화를 내지요.
그런데 팔미타와 함께 있으면 곰은 절대로 나타나지 않아요.
곰 대신 상냥한 개미가 나타나지요.

 ## 여러분 차례예요!

여러분 안에도 또 다른 누군가가 살고 있나요?

생각 바꾸기

여러분, 잘 따라오고 있나요?

나는 지금 무척 슬퍼요.
모아 두었던 당근 과자가 똑 떨어졌거든요.

슬플 땐 생각을 바꾸라고 토끼 친구들이 말했어요.
한 번도 해 본 적 없지만 아주 간단할 것 같아요.
자전거 바퀴를 갈아 끼우는 것보다 쉽고, 손에 때가 묻을 일이 없대요.

여러분 차례예요

함께 생각을 바꿔 볼까요?
날 따라 해 봐요.

먼저 버려야 할 생각이
무엇인지 머릿속에
그려 봐요.

그 생각을 귀로 끄집어내서
쓰레기통에 버려요.

그리고 새로운 생각을
집어넣어요.

생각은 자전거 바퀴보다 훨씬 가벼워요.
그러니까 쉽게 바꿀 수 있을 거예요. 안 그래요?

내가 주인공

나는 책 속에서 내 이야기를 찾아봐요.
비행사가 되기도 하고, 탐정이 되기도 하죠.
책을 읽으면서 수많은 나를 만났어요.

 여러분 차례예요!

여러분은 어떤 주인공이 되고 싶나요?
주인공이 되고 싶은 책을 펼쳐 봐요.

좋아하는 이유

여러분은 무엇을 좋아하나요?
내가 가장 좋아하는 건 팔미타예요.
하지만 그냥 당근 과자로 이야기할게요. 어쩐지 부끄러워서요.

왜 당근 과자를 좋아하냐고 묻는다면 이렇게 대답할래요.
부드럽고 얇고 향이 좋아서예요.

박하 잎도 부드럽고 얇고 향이 좋죠.
하지만 난 박하 잎을 별로 좋아하지 않아요.

여러분 차례예요!

내가 당근 과자를 좋아하는 것처럼 여러분은 부모님을 좋아할 거예요.
그런데 부모님이 웃지 않고 화만 내고, 좋은 냄새도 나지 않고
고약한 냄새를 풍기고, 지금보다 아주 뚱뚱해진다면 어때요?
부모님을 좋아하지 않을 건가요?

냄새, 촉감, 크기…… 이런 건 좋아하는 데 중요하지 않아요.
중요한 건 좋아하는 마음이랍니다.

마음을 담아

내가 꿈을 꾸고 있나요? 당근 과자가 눈앞에 아른거려요.

나는 당근 과자를 정말 좋아해요.
내 안의 곰도 당근 과자 앞에선 꼼짝을 못 하죠.
그래서 먹을 때마다 좋아한다고 말해요.

 여러분 차례예요!

여러분은 좋아하는 마음을 어떻게 전하나요?

말하는 방법

날 따라와요. 토끼 친구들을 소개해 줄게요.
난 친구들과 이야기하는 게 좋아요.
우리는 다양한 이야기를 나누면서
다양한 생각도 나눈답니다.

그런데 단어들이 나를 별로 좋아하지 않는 것 같아요.
말하려고 하면 알맞은 단어가 쉽게 생각나지 않거든요.
내가 필요할 때면 쏙 빠져나가서 사라져요.
한 번도 제대로 된 모습을 보인 적이 없죠.
아니면 너무 늦게 나타나지요.

여러분도 내가 무슨 말을 하는 건지 잘 알겠죠?

여러분에게 나만의 비밀을 살짝 귀띔해 줄게요.
단어들이 나를 화나게 하면,
그냥 무시하고 다른 방법으로 말해요.

피아노로 말하고

발로 말하고

찰흙으로 말하고

붓으로도 말해요.

 여러분 차례예요!

말하는 방법은 천 가지도 넘게 있어요.
자신 있게 말할 수 있는 방법을 찾아보아요.

시간 쓰기 놀이

오늘 아무것도 할 게 없다고요?
그럼 내가 좋아하는 놀이를 알려 줄게요.
바로 시간 쓰기예요!

모두들 시간 쓰기를 그다지 좋아하지 않아요.
시간을 벌려고만 하죠.

 ## 여러분 차례예요!

오늘은 시간을 보지 않기로 해요.
좋아하는 생각만 하기로 해요.

생각을 멈추면

나는 지금 바닷가에 왔어요.
아무 생각도 하지 않으려고요.

모래밭에 귀를
틀어막아요.

정신을 집중해서 아무 생각도
하지 말자고 생각해요.

바다 벌레들이 달려들어도
꼼짝도 하지 말아요.

아아! 역시 생각을 멈추는 건 너무 힘들어요!

 여러분 차례예요!

생각 멈추는 방법을 알고 있다고요?
그 방법도 생각에서 나온 거예요!

오늘의 기분

오늘의 기분을 말해 줘요.

행복해요?　　불행해요?　　기분 나빠요?　　즐거워요?　　화났어요?

기분이 어떤지 잘 모르겠다고요?
나도 내 기분이 어떤지 모를 때가 많아요.
당근 과자가 옆에 있을 때만 빼고요.

그릇을 발견했을 때
희망이 퐁퐁 솟아올라요.

당근 과자가 가득 담겨 있을 때
아주 행복해요.

그릇이 반쯤 비었을 때
우울해지기 시작해요.

그릇이 텅 비었을 때
아주 슬퍼요.

 여러분 차례예요!

여러분의 기분을 들쑥날쑥 움직이게 하는 건 무엇인가요?
쿠키? 아이스크림? 양배추?
여러분을 행복하게 해 주는 것을 떠올리면 더 좋고요.

꿈나라

이제 잠자리에 들 준비가 되었나요?
잘 자요! 좋은 꿈 꿔요!
꿈나라에서 나는 용감하고 씩씩하게 모험을 해요.
돛을 높이 올리고 새로운 세상으로 떠나죠.
정말 멋지죠?

하지만 아침이면 모두 물거품처럼 사라져요.
슬프다고요? 괜찮아요.
낮에도 꿈을 꿀 수 있거든요.
머릿속에 꿈나라를 넣으면 돼요. 간단하죠?

 여러분 차례예요!

여러분의 멋진 꿈나라를 말해 줘요.

좋아하는 책

친구 토끼가 놀러 가서 볼 책을 골라 달래요.
그래서 『소크라테스 토끼의 똑똑한 질문들』을 선물해 줬어요.
제일 좋아하는 책이거든요.

좋아하는 책을 읽을 때 나는 골키퍼가 된 것 같아요.
단어 하나하나가 코앞으로 날아오는 기분이랄까요.
신나고 즐겁게 단어를 잡아요.

하지만 좋아하지 않는 책을 읽으면
축구장 바깥으로 나가고 싶은 기분이죠.

 ### 여러분 차례예요!

여러분도 책을 읽다가 공이 막 날아드는 것 같은
짜릿한 기분을 느낀 적 있나요?

세상의 지식

학교에 가면 선생님이 세상의 지식들을 알려 줘요.
그리고 지식을 많이 쌓으면 훌륭한 토끼가 된다고 하죠.
그럼, 지식을 반만 알면 훌륭하지 않은 걸까요?

아는 것이 많다고 모두 훌륭하지는 않아요.
우리는 알고 싶은 지식부터 차곡차곡 쌓기로 해요.
가장 알고 싶은 건 무엇인가요?
나는 팔미타에 대해 알고 싶어요.

 여러분 차례예요!

여러분이 생각하는 훌륭한 사람은 누구인가요?

계절

토끼는 봄을 좋아해요.
겨울은 춥고 눈으로 덮여 있어서 토끼가 놀기 힘들거든요.
하지만 난 겨울에도 놀 수 있는 방법을 찾았어요.
노래를 부르거나, 얼룩말 옷을 입거나,
두 가지를 한꺼번에 하는 거예요.
내 생각에 계절은 그냥 단어일 뿐이에요.
한겨울에도 얼룩말 옷을 입고 노래를 부르면
봄이 오는 소리가 들리거든요.

여러분 차례예요!

겨울에 여러분은 어떤 놀이를 하나요?

예의범절

나는 예의 바른 신사 토끼예요.
부모님이 예의범절을 잘 알려 주셨거든요.
두 분 다 아주 훌륭하세요.

내가 아주 작은 꼬마 토끼였을 때부터 많은 것을 가르쳐 주셨답니다.

부모님은 이렇게 말씀하셨죠.
땅 위에 똑바로 서라! (1번 자세)
그리고 고개를 똑바로 들어라! (2번 자세)

1번 자세   2번 자세

3번 자세

그런데 거꾸로 서면 예의범절에 어긋날까요? (3번 자세)

 ## 여러분 차례예요!

여러분이 생각하는 예의 바른 행동은 무엇인가요?

뇌와 손전등

머릿속에는 뇌가 있어요.

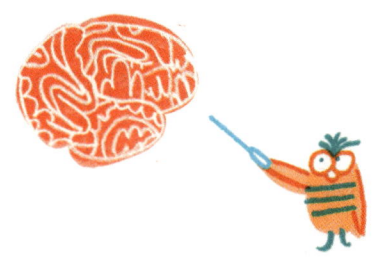

뇌는 손전등과 같아요.
하지만 손전등이 항상 잘 빛나는 건 아니에요.

예를 들면 수학 문제를 풀 때 내 손전등은 잘 작동돼요.
하지만 받아쓰기를 하거나 글짓기를 하려고 하면
손전등이 깜빡거려요.

특히 팔미타 앞에서는 내 손전등이 너무 뜨겁게 달아올라서
껌뻑거리다가 불이 완전히 꺼져 버리죠.

 ### 여러분 차례예요!

여러분의 손전등도 가끔 말을 안 들을 때가 있나요?

나의 정리 상자

내가 아주 작은 꼬마 토끼였을 때부터 신발이나 모자 같은 건 상자에 넣어 보관해야 한다고 배웠어요. 아름다운 물건, 아주 작은 물건, 우스운 물건, 보기 흉한 물건, 중요한 물건, 가벼운 물건, 슬픈 물건, 진지한 물건까지요.

하지만 가끔 상자들에 깔려 납작이 토끼가 될 것 같은 기분이 들어요.
그래서 상자를 열고, 비우고, 던지고, 물건을 옮기고, 이름표를 뒤죽박죽 섞어 놓기도 해요.

 ### 여러분 차례예요!

여러분의 정리 방법을 알려 줘요.
나를 따라 뒤죽박죽 섞었다고요? 정리는 각자 알아서 해야죠.

바르게 말하기

우리 집안 토끼들은 정확하고 바르게 말해야 하죠.

그래서 거실에 모여 이야기할 때면 항상 맞춤법에 맞게 대답해요.

음악을 듣다.
꽃을 그리다.
영화를 보다.
과자를 만들다.
노래를 부르다.
한 발로 뛰다.

나는 종종 정원으로 나가서 이렇게 말하며 놀아요.

한 발로 만들다.   노래를 요리하다.
꽃을 듣다.   과자를 그리다.
음악을 보다.

 여러분 차례예요!

여러분도 한번 해 보아요.
듣기엔 조금 이상해도 정말 재미있거든요.

믿음

토끼 선생님이 우주에는 수억 개의 은하수가 있다고 말해 줬어요.
그리고 내 털 밑에는 수억 개의 미생물이 살아 움직이고 있대요.
난 그 말을 바로 믿었죠.

오늘 아침에 팔미타가 자기 집으로 놀러 오라고 했어요.
그런데 그 말은 믿을 수가 없는 거예요.

 ### 여러분 차례예요!

팔미타도 나를 좋아할까요? 여러분의 대답을 믿을게요.

똑똑한 토끼들

똑똑한 토끼들은 하늘을 날거나 바닷속이나 우주를 탐험하는 복잡한 기계들을 만들었죠.

 여러분 차례예요!

여기까지 날 따라온 여러분도 똑똑한 친구들이에요!

아무리 똑똑한 토끼라도 개미를 만들어 내지는 못했죠.

사전

글을 잘 아는 나의 할아버지 토끼가 사전을 주셨어요.
아주 멋진 선물이죠? 내 생각도 그래요.

사전은 대단해요.
이 세상에 존재하는 모든 것들이 순서대로 잘 정리되어 있거든요.

사전에서 단어 몇 개를 골라 볼까요?

과자	그릇
기다리다	당근
소크라테스	시간
악어	전구
좋아하다	책
토끼	햄스터

단어들을 뒤죽박죽 섞어 봐요. 아주 재미있을 거예요.

소크라테스 토끼는 당근 과자가 들어 있는 그릇을 기다린다.

 여러분 차례예요!

사전을 펼치고 좋아하는 단어를 골라요.
그리고 마음대로 섞어 봐요.

우아! 단어를 섞으니까 맛있는 문장이 되었어요!

용기

저 동상은 바로 나의 조상 토끼예요.
아주 용감한 토끼 대장이었대요.

나도 용감한 토끼가 되려면,
전투에 나가 이기거나 강물에 빠진 친구를 구해야겠죠.

하지만 그런 일은 좀처럼 일어나지 않아요.

그런데 내가 당근 과자를 먹을 때마다 옆집 염소가 쫓아오는 일은 자주 일어나요!

가끔 옆집 염소와 당근 과자를 나눠 먹기도 해요.
나는 그것도 용기라고 생각해요.

 여러분 차례예요!

여러분이 알고 있는 용기는 무엇인가요?
잘 생각해 보면 작은 용기도 아주 멋진 용기랍니다.

끝인사

이제 밖으로 나가요!

어땠나요? 즐거웠나요?
나는 다른 친구들을 만나러 떠나야 해요.
헤어지기 전에 나하고 약속 하나만 해 줘요.
앞으로 질문을 많이 하기로 해요! 당당하게 말이에요.
나와 함께 질문하는 법을 배웠으니까 자신 있겠죠?
질문하다 보면 생각이 커질 거예요.
그만큼 세상을 바라보는 눈도 넓어진답니다.

나는 여러분을 믿어요.
소크라테스 토끼가 인정한 똑똑한 친구들이니까요!

그럼, 또 만나요!

소크라테스 토끼가

옮긴이 양진성

중앙대학교 불어불문학과를 졸업하고, 한국외국어대학교 통번역대학원 한불과를 3학기 수료했습니다. 현재 미국에 거주하며, 엔터스코리아에서 영어·불어 전문 번역가로 활동하고 있습니다. 옮긴 책으로는 『윔피키드』『명왕성으로 도망간 돼지』『아빠, 날 내버려둬』『낮잠형 인간』『인기짱 탐구노트』『레퀴엠』『누가 제노비스를 죽였는가?』『마지막 네안데르탈인, 아오』『서른 개의 관』『육체의 악마』 등 60여 권이 있습니다.

소크라테스 토끼의 똑똑한 질문들
초판 1쇄 2015년 10월 5일 | 초판 4쇄 2020년 6월 30일

글쓴이 아스트리드 데보르드 | 그린이 클라우디아 볼트 | 옮긴이 양진성
펴낸이 김찬영 | 편집 백모란, 김지현 | 마케팅 김경민 | 펴낸곳 책속물고기
출판등록 제2009-000052호 | 주소 경기도 파주시 문발로 115, 2층 202호(문발동, 세종출판벤처타운)
전화 02-322-9239(영업) 02-322-9240(편집) | 팩스 02-322-9243
책속물고기 카페 http://cafe.naver.com/bookinfish | 전자 메일 bookinfish@naver.com

ISBN 979-11-86670-07-1 73110

이 도서의 국립중앙도서관 출판예정도서목록(CIP)은 서지정보유통지원시스템 홈페이지(http://seoji.nl.go.kr)와 국가자료공동목록시스템(http://www.nl.go.kr/kolisnet)에서 이용하실 수 있습니다.(CIP제어번호: CIP2015023295)

품명 아동 도서		**제조일** 2020년 6월 30일	
사용연령 8세 이상		**제조자** 책속물고기	
제조국 대한민국		**연락처** 02-322-9239	
주소 경기도 파주시 문발로 115, 2층 202호(문발동, 세종출판벤처타운)			
주의사항 종이에 베이거나 긁히지 않도록 조심하세요. 책 모서리가 날카로우니 던지거나 떨어뜨리지 마세요.			
KC마크는 이 제품이 공통안전기준에 적합하였음을 의미합니다.			

*이 책의 내용을 쓰고자 할 때는 저작권자와 출판사 양측의 허락을 받아야 합니다.
*잘못된 책은 바꾸어 드립니다.
*값은 뒤표지에 있습니다.